OTE-TOI DE LA

QUE JE M'Y METTE.

IMPRIMERIE DE STAHL,

QUAI DES AUGUSTINS, N° 9.

OTE-TOI DE LA

QUE JE M'Y METTE,

OU

QUELQUES PAGES DE VÉRITÉ

SUR LA DÉPUTATION TOULOUSAINE

DE 1830.

Sic vos non vobis!.........

PRIX : 75 CENT.

A PARIS,

CHEZ LES PRINCIPAUX LIBRAIRES.

1830.

OTE-TOI DE LA

QUE JE M'Y METTE.

Après la révolution glorieuse qui vient de rendre à la nation ses droits ; il était juste que Paris appelât les provinces à partager la victoire que les habitans de la capitale avaient seuls préparée.

L'échaffaudage administratif et judiciaire, qui avait un étaie dans chaque département, devait nécessairement être reconstruit, et une épuration de fonctionnaires était indispensable à la France. Ce besoin généralement senti, il fallait aviser aux moyens de le satisfaire. Il devenait important de substituer aux créatures de l'ancien régime, des citoyens de l'époque, qui par leurs talens et leur patriotisme justifiassent le choix du prince et la confiance du pays. Qui pouvait mieux connaître le désir des provinces que les députés nommés par elles ? Qui pouvait

mieux apprécier les capacités d'un arrondisse-
ment que son mandataire ? Les députés seuls devaient donc être consultés, pour le remaniement
des gens à places : aussi les candidats qu'ils ont
présentés ont — ils été presque toujours ac-
ceptés.

Ce mode était facile à suivre pour les dépar-
temens, dont l'opinion était représentée dans
la Chambre de 1830. Mais les propositions et par
suite les nominations, devenaient plus difficiles
pour les villes veuves de députés dignes de ce
nom. Au nombre de ces dernières se trouvait
Toulouse.

— Fallait-il envoyer à Paris des hommes ca-
pables de museler l'opinion publique, de cor-
rompre les consciences appointées, d'ébranler
le crédit public, de faire assassiner des citoyens
sans défense ; des hommes enfin digne d'orga-
niser un ministère déplorable, et un ministère
incroyable ? Toulouse avait des Villèle et des
Montbel. Fallait-il adresser par fraude ou autre-
ment à la Chambre des députés des gens ser-
viles, disposés à faire bon marché de nos libertés, pourvu qu'on leur abandonnat une part
du budjet payé par la *canaille*. Toulouse avait
des Bastoulh, des Roquette, des Dubourg,
des Saint - Félix. — Mais s'agit - il de confier
les intérêts des administrés à des citoyens dont
les noms et la vie commandent le respect et

inspirent la confiance de tous ? Toulouse ne trouve personne...! Toulousain, je sais cependant qu'il eut été facile à mes compatriotes d'envoyer à Paris une députation bien composée. Il s'agissait en effet de faire représenter toutes les classes par les notabilités de chacune d'elles et pour cela les noms s'offraient en foule. La magistrature n'a-t-elles pas ses Solomiac, ses Garisson, ses Déjeau ? Le barreau n'a-t-il pas ses Romiguière, ses Lassalle ? Le commerce n'a-t-il pas ses Chaptive, ses Viguerie, ses Cassaing ? Les sciences n'ont-elles pas leur Dumège, leur Boisgiraud, leur Pagès ? La propriété n'a-t-elle pas enfin mille noms tous recommandables, tous non suspects....? et Toulouse ne pouvait-elle pas choisir parmi eux une commission digne du mandat qu'elle aurait reçu et capable de le bien remplir ? Au lieu de cela, voyons ce qu'on a fait. On a, pour ainsi-dire, mis aux enchères les fonctions d'envoyé toulousain, on a laissé voir qu'on regretterait d'indemniser les membres d'une députation, et cette parcimonie indigne d'une grande ville, à donné naissance à un abus grave et dangereux qu'il importe de signaler, et qui déjà produit ses fruits.

Il se trouva que plusieurs habitans de la cité Villèle, résolurent de mettre à profit la lâche complaisance de leurs compatriotes, et la chose leur fut aisée. Et d'abord l'un d'eux se mit à penser que la place de premier avocat général conviendrait parfaitement sinon à son talent du moins à sa suffisance, et il se nomma député ; un autre s'imagina qu'une réputation de barreau surtout en province, était peu de chose pour son rare génie. S'il se donnait une robe rouge à la Cour ou à la Faculté de droit ? Cette idée lui sourit, et il se nomma aussi député ; un troisième, las de cette robe d'avocat trop longue pour lui, trop lourde pour son gendre, crut bien faire, s'il parvenait à faire de lui un conseiller de préfecture, de son gendre un substitut, et il se nomma aussi député : un quatrième enfin se persuada que parce qu'il était plus riche qu'un autre, il devait être consulté le premier pour le choix des nouveaux fonctionnaires, et il se nomma aussi député : et les voilà tous les quatre, se félicitant sur leur mandat réciproque et allant offrir à l'autorité provisoire de faire *à leurs frais* le voyage de Paris.

Voilà l'origine de cette députation, dont la fatuité fait le principal mérite. Enivrée de ses pouvoirs d'un jour, pouvoirs qu'elle avait extorqués à ses commettans, elle se dit aujourd'hui composée de citoyens qui ont le plus

puissamment contribué à la réaction Toulousaine. Imbus de cette pensée présomptueuse, ils
ont osé dire à un ministre, en lui dictant des
choix : *nous avons renversé le capitole, et nous
saurions bien renverser les fonctionnaires qui ne
nous plairaient pas.* Cette sortie plaisante rap-
pelle tout naturellement que l'ancien capitole
eut deux espèces de sauveurs, et que le capitole nouveau pourrait bien avoir aussi des
vainqueurs de deux sortes. Les plus dangereux
n'ont pas été ceux dont la voix devient si forte
après le danger.

Le conseil municipal de Toulouse, ne vit dans
l'offre en apparence désintéressé de ces députés nouveaux, qu'un élan patriotique et s'em-
pressa de l'accepter. Cependant, comme une
députation composée de la sorte pouvait pa-
raître incomplète, on adjoignit à ceux qui la
composaient un colonel de la vieille armée
qui, lui seul fut choisi par la voix publique; et
notre directoire achevé de la sorte, se mit en
route pour la capitale.

Que de fois, pendant le voyage, le digne colonel qui avait été adjoint aux quatre députés
d'office n'eut-t-il pas l'oreille fatiguée des dis-
putes de ses collègues? Que de fois ces derniers
ne recomposèrent-t-ils pas à leur gré les sous-
préfectures et les parquets du ressort? Il fallait

d'abord choisir un procureur - général : ici nos
députés se trouvaient embarrassés. Etait-ce par
hasard que leur ambition peu timide convoitât
en secret ce poste? Je l'ignore : toujours est-il
qu'il ne fut pas rempli. Et le procureur du roi
disait l'un des avocats? Mais, répondait le colonel, le procureur du roi est un homme sage et
dévoué de cœur au nouvel ordre de choses : il
est bien vrai que sa main forcée a signé la pro-
clamation dernièrement adressée aux Toulousains par une administration sur son déclin :
mais vingt années d'une magistrature sage et
ferme; mais sa conduite aux élections dernières,
mais sa vie privée le recommandaient sous tous
les rapports!.... Il faut qu'il saute! s'écria le se-
cond avocat, et les autres de s'écrier : il faut
qu'il saute! Ils parcoururent ainsi les cent
quatre-vingts lieues qui séparent la Garonne de
la Seine, destituant et plaçant à leur gré sous-
préfets, secrétaires-généraux, procureurs du roi,
substitut, etc... Ils allaient s'occuper des gardes-
champêtres lorsqu'ils arrivèrent à la barrière
d'Enfer.

Les voilà dans Paris : où descendront-ils ? Un
des avocats prétendit que la députation ne devait pas se séparer; travaux, démarches, visites,
logement, habitudes, tout devait être commun :
il fut donc décidé qu'on irait loger à l'hôtel de

la Paix, rue de Richelieu. L'hôtel de la Paix!....
Nous verrons tout-à-l'heure si la paix existât
long-temps entre ceux qui vont habiter son hôtel!... A peine nos députés sont-ils descendus
de voiture qu'ils vont et viennent dans la chambre commune, classant des papiers, recueillant
des notes, prenant des adresses, laissant échap-
per les mots de ministres, de députation, de procureur-général; et les domestiques étaient là
tout ébahis de cette activité méridionale, et se
demandaient quelle puissance nouvelle leur ar-
rivait ce jour-là.

Les premiers momens furent employés à se
faire reconnaître; on dit, on prouva même qu'on
représentait à Paris la ville de Toulouse; on fut
présenté au roi; on eut libre accès auprès de tous
les ministres; on s'assura que les propositions
qu'on ferait seraient acceptées, et on songea enfin à préparer le travail. Jusques-là tout allait
fort bien; l'union et la concorde avaient régné
depuis Toulouse parmi les membres de la députation : mais comme l'ambition a, dit-on, la
voix plus forte que l'amitié, le débat s'ouvrit dès
que l'intérêt personnel se vit en jeu.

La première rupture fut occasionnée par la
place de premier avocat-général, qui plaisait
assez à l'un des membres de la commisson,
mais que les autres refusaient de lui octroyer

La seconde dispute advint à l'occasion de la sous-préfecture de Villefranche que le même membre réclamait pour un sien parent à qui l'habit brodé convenait à merveille. La troisième difficulté prit naissance lorsqu'il fut question de nommer le cousin-germain d'un autre député à la place de substitut à Foix. Une quatrième contestation s'éleva sur les titres du gendre d'un troisième commissaire, à la place de substitut à Muret : enfin, pas une présentation n'était faite par un d'eux sans que les réclamations de ses collègues ne vinssent protester contre son choix. Mais, dira-t-on peut-être, les membres d'une commission nommée par les habitans d'une grande ville doivent savoir non pas seulement si les places conviennent aux candidats qu'ils présentent, mais si ces candidats conviennent aux places qu'ils sollicitent. Il existe dans tout pays des hommes que la voix publique désigne au choix de ses délégués, et partout où il y a des postes à pourvoir, on connaît à l'avance celui qui est le plus digne de les remplir. Ainsi, par exemple, fallait-il nommer à Toulouse un procureur-général ? on trouvait aussitôt les noms de MM. Corbière, Podenas, Romiguière, Pagès ; avait-on besoin de remplacer un avocat-général ? le cri public nommait bien vite MM. Lassalle et Solomiac fils ; voulait-on changer le personnel d'un parquet? mais les jeunes avocats dont la voix généreuse emprunta souvent les colonnes de la France méridionale devaient tout naturellement se présenter à l'esprit !... Tout cela est vrai, tout cela était juste : mais rien de cela n'a été fait par la commission toulousaine : Les premières nominations provoquées par elle ont été pour ceux qui la composaient; celles qui les ont suivies ont été faites en faveur de leurs parens. L'égoïsme a commencé les choix, le népotisme les a continués, le commérage provincial les a terminés.

Un exemple suffira pour donner une idée de la manière dont cette commission envisageait son devoir. Partie de Toulouse à la hâte, dans la crainte que ses mandataires n'ouvrissent trop tôt les yeux sur l'imprudence d'un pareil choix, elle s'est bien gardée de réclamer à Paris les conseils d'hommes dont l'adjonction l'eut honorée : pas un membre n'est allé se présenter chez un toulousain dont la sagesse égale le mérite; chez M. le général Pellet, récemment investi d'une haute fonction dont il est d'autant plus digne qu'il ne l'a pas sollicitée. Veut-on savoir quel était le mobile qui dirigeait une partie de la députation toulousaine ? Si nous en croyons des personnes dignes de confiance, l'un de ceux qui la composaient a tout tenté pour arracher

ou ministre la destitution d'un receveur particulier dont le patriotisme et les talens financiers
sont hors de toute contestation : et, en retour,
de qui voulait-il exiger la conservation? d'un
des assassins du général Ramel, dont il avait
lui-même rédigé la demande. Voilà un des
hommes qui prétendent représenter Toulouse,
et qui, pour mieux le prouver, composent le
Conseil de Préfecture d'avocats qui n'ont pas
un pouce de terre dans le département qu'ils
vont administrer.

Cependant il fallait bien céder quelquefois à
l'opinion publique. Il fallait bien pouvoir, en
rentrant à Toulouse, opposer quelques bons
choix à une infinité de mauvais ; aussi on a été
forcé de nommer M. Bart, sous-préfet à Saint-
Gaudens, M. Gayral, procureur du roi à Villefranche, M. Fourtannier, substitut à Toulouse.
Mais ces nominations partielles, qu'on n'a pas
osé ne pas provoquer, voilent, sans le cacher,
l'esprit d'égoïsme qui a dicté la plupart des
autres.

Il y a plus : pendant les trois journées mémo-
rables de juillet, plusieurs jeunes toulousains
ont dignement représenté la province à Paris ;
les journaux ont donné leurs noms. Les membres de la commission savaient que la juste ambition de ces jeunes compatriotes, réclamaient

non pas une récompense pour un dévoûment pur de tout calcul ; mais un encouragement à leur patriotisme et à leur dévoûment au pays. Eh bien, qu'a fait la commission pour ces toulousains, presque tous avocats ? Rien. Je me trompe : l'un d'eux a réclamé l'appui de la députation, pour obtenir une modeste place de substitut, et on a trouvé d'abord sa lettre insolente. Un autre a fait demander à la députation si elle ne pouvait pas le présenter pour une place de procureur du roi ; elle a répondu que tous ses choix étaient faits !

L'on réfléchit cependant que l'on allait se couvrir de honte si ont préférait des créatures, à ceux qui avaient combattu pour la défense de nos libertés, et M. Daiguy fut nommé substitut à Lavaur ; c'est-à-dire qu'on lui abandonna comme par faveur la plus mince place du ressort.

Il faudrait connaître toutes les intrigues qui se sont passées au sein de cette députation qui est aujourd'hui dans une désunion haineuse. Il faudrait savoir toutes les petitesses qui ont accompagné quelques choix, et les dégoûtantes manœuvres qui en ont dicté d'autres. Alors on verrait si ceux qui osent s'intituler les députés de Toulouse, représentent vraiment le département, dont ils se sont d'office constitués les mandataires. Notre révolution est trop belle pour enfanter de pareils résultats. Le jour de la justice et de la franchise est arrivée : aussi dût la vérité déplaire à quelques personnes, on doit la dire sans crainte. Eh bien, le département de la Haute-Garonne, et en particulier la ville de Toulouse, sont loin d'avoir été représentés dans leur opinions par la prétendue députation toulousaine. L'égoïsme le plus affligeant, la partialité la plus révoltante ont dicté les choix qu'elle a faits, et si la voix de la justice à quelquefois été écoutée, la voix de l'intérêt l'a souvent étouffée.

Mais dans les autres villes où un procureur général a été nommé, à Montpellier par exemple, quel a été le rôle de la commission ? de présenter au roi les vœux des habitans, et aux Parisiens leur reconnaissance pour la glorieuse campagne des trois journées. Si la députation toulousaine s'était borné là, nous eussions peut-être gardé le silence : mais quand on voit quelques têtes trop pleines de présomption pour être justes, vouloir imposer à un département ses fonctionnaires, sans consulter ses besoins et son vœu ; à un procureur général ses substituts, sans lui reconnaître le droit de présentation : quand on voit des députés qui se sont nommés eux-mêmes, accaparer tout d'a-

bord, pour eux et les leurs, les meilleurs places
d'un ressort, il y a besoin de dire que la confiance du ministre qui signe, a été trompée.
Espérons que la voix d'un procureur général
ferme et juste, l'emportera sur les assertions
présompteuses de quelques ambitieux, et que
si on s'est laissé surprendre des nominations
inopportunes, on aura la force de diriger plus
sûrement les choix à venir. Il y a faiblesse à
commettre une faute, malheur à la méconnaître,
et gloire à la réparer.

Ajoutons, avant determiner ces pages, que la
députation, *dite toulousaine*, a, par une dernière
démarche, mis le sceau à ses petitesses et à son
égoïsme. Les parens étaient placés, les amis étaient
pourvus : mais quelques membres n'avaient en-
core rien, ou pas assez pour eux-mêmes; cependant on voulait partir, et voici ce qu'on a fait :
le ministre de l'instruction publique n'était pas
aussi crédule, aussi facile à conduire que messieurs de l'intérieur et de la justice. Il refusait de
destituer certains professeurs, et faute de vacan-
ces, pas de nominations à faire. Pour concilier les
scrupules du ministre et les désirs ambitieux de
quelques députés toulousains, on a imaginé de
préparer un travail qui sera soumis à la révision
du nouveau recteur de Toulouse, dont M. de
Broglie a sanctionné davance la décision. Dans

ce travail, MM. Gasc et Tajan se sont proposés
pour deux chaires de professeurs titulaires; et
comme le recteur de Toulouse, M. Malpel,
est le beau-père de M. Gasc et l'ami intime de
M. Tajan, ces deux avocats sont sûrs d'une nomination qu'ils auront l'air de n'avoir pas pro-
voqué et qui semblera peut-être n'être pour eux
que le prix offert du désintéressement qui aura
dicté leurs choix.

Partez donc, messieurs de la députation toulousaine, et allez affronter les reproches de ceux
qui ne vous ont pas nommés, et dont vous re-
présentez si mal les besoins et l'opinion.

Vous, M. Martin, allez occuper la place de
premier avocat-général, que vous avez sou-
tirée au ministre par bassesse et à l'insu de vos
collègues;

Passez devant l'honorable M. Moynier et devant le savant M. Delvolvé, dont vous n'avez
pas pu obtenir la destitution; allez préparer les
arrêts de la cour, avec cette bouche qui trahit
l'amitié, dénonça le patriotisme et servit les
Seïdes de 1815.

Vous, M. Tajan, allez cumuler vos appointe-
mens de conseiller de préfecture et de profes-
seur à la Faculté de Droit (car vous avez la
prescience de votre nomination à ce dernier
poste); et recevez les remercîmens de M. le
substitut, votre gendre.

Vous, M. Gasc, allez installer à Foix M. le

substitut, votre cousin-germain, et revenez ensuite vous reposer de vos importans travaux dans la chaire de 8000 francs qu'ils vous ont procuré.

Vous tous, enfin, messieurs, dont la justice, la probité, la franchise, le désintéressement viennent de surpasser toute attente ; allez rendre compte aux Toulousains de la manière dont vous avez rempli le mandat que vous avez cru recevoir : allez vous asseoir au banquet de reconnaissance qui vous sera sans doute offert par ceux qui vous doivent les postes nouveaux qu'ils vont occuper.

Bénissez une révolution dont vous avez évité les dangers, mais dont vous avez seuls recueillis l'avantage.

Et si quelque voix accusatrice veut s'élever contre vous, méprisez de vains clameurs, et écriez-vous avec confiance : Allons sur les débris de ce capitole *que nous avons renversé* ; remercier les dieux qui nous ont si bien servis.

UN TOULOUSAIN.

Nous ajoutons avec plaisir que M. Sens a imité le désintéressement du colonel Caillassou, et qu'il n'a rien accepté.

www.ingramcontent.com/pod-product-compliance
Lightning Source LLC
Chambersburg PA
CBHW050731070726
47597CB00009B/3874